BAZIRGANG TO BANARAS

SUMEET KUMAR

Sumeet Kumar

Sumeet Kumar, A adult who experiences many phases of life , a well known writer and a writer of new era . In reality he is a writter as well as singer (as a hobby) and a standup comedian . Very exciting and interesting fact about him is that he is author of New era i.e. he starts his journey of writing at the age when he was going to schools to get the study . His streak of 100 books will be the great achievement for him in future. His some famous works i.e. Maturity Of Love (Genre - Love),Privacy For Dream (Genre - Middle Class), Army Squad ofLove (Genre- The Seperation of Army Love), 5 Days of Love(Genre- Temporarily Love), The Endearment Of Love(Genre - Historical Era Of Love), Social Destruction Indo-Pak (Genre - The Story of The Love At The Time Of Division Of India And Pakistan), Middle Class Soul (Genre - The Dreams of Middle Class), The Accursed Kanatpur (Genre -The Horrific Story Of A Village), Wrong Number (Genre -The Suspenseful Physco Killer Story), The Secrecy OfDeadly Midnight (Genre - The Suspense About a Crime),Fragile Religious Of Death (Genre- The Death Of A TrustfulPerson), Nature Vs Science (Genre - The Future Battle Between Nature And Science In A Horrific Way), Generic Man (Genre - The Dream of I.I.T), The Unconsious 12 Hours(Genre - The Illusion At Stage Of Comma), The StrangeBurden (Genre - The Burden Of Love) , Her Existence (Genre- The Female Pain In The Society) , Jockstrap Prize (Genre -The True Story Of A National Athlete) , H Man [Hindi] (Genre - Superhero Tragic Story), H Man [English] (Genre - Superhero Tragic Story) , Maturity Of Love [Englsih] (Genre - Love) and many more are available on various geners on the offcial platform of **Amazon, Flipkart and Notionpress.** You can buy them from there.

Contents

Acknowledgements

Aman Kumar

Special Thanks to **Aman Kumar** who worked so hard in the preparation of this book. He has continually put with my passive voice, omission of words, and late night calls. You have been wonderful. Thanks to him for his precious time in reviewing proposals , individual chapters and early drafts, along with his suggestions on the applicability of the material to the world.

I

TRADITION OF TORMENT

Zindagi ek aishi rail jiski patri har hame ush mor per
lekar jaati hai jaha ham har kishi seh milne ki koshsih

karte hai ,baateion karte hai aur khud ko pechanate bhi hai ,ateet ki baateion bhale hee kishi ko aajkal yaad na rahe per unhe bhavishya mein kya karna ye vo bhali bhati jante hai ,per afsoos soch seh waqt ki riwayat nahi chalti ,halat kitne bhi aache kyun na ho per jab burre waqt ki parchai aati hai toh vo saari khushiyon ush hateli seh cheen le jati hai , kabhi socha hai ki jeena kaishe hai ? kyun aajkal toh logg jeete hee kaha hai ,naukri ke peeche bhanga ,padhai ke peeche ,daulat ke peeche ke bhagna , rishto ke peeche bhagna aur kuch aishe logge ke bhi peeche bhagne jishe apki kadra hee nahi kya ishe jeena kehte hai ,na muraad chhod do aishi zindagi kyunki ye zindagi nahi khamyaaza hai jo ham jhel rahe hai ,bhale kabr per baithkar yeh kaun puchta hai ki mere sarrer akhir logg dafnayege kaha , bhala aishi bhi koi zindagi hai jaha na toh khushiyan ki cahat hai aur na hee waqt ki giravat , khair mein ush waqt ki baat nahi kar raha ,jaha logg tutt jate hai aur ek aishe halat mein khud ko ush waqt paate hai jaha ek lambi zindagi bhi hisse mein chhoti hee lagti hai ,aur dard seh bhari bhi ,khair mein iski baateion nahi karunga ,kyunki apne ateet ko vhi dohrate hai jo apne bhootkal seh bhagte hai , hoti hai kuch yaadeion karvi per unka kya kasoor ,kyunki kasoor toh hamara hai ,matlab iski tarif mein kay likhun mein ye ek aishi dualat hai jo be-shumaar hai hisse mein per iski talab kishi ko nahi hai ,iski bhi mohabaat ajeeb kyunki jo saksh pehle seh barbaad hai ye ushe aur acche seh barbaad karti hai vo kehte hai "behtar " seh barbaad karti hai , waiseh pehle bachpan mein ye sochta tha aur uparvale seh ye muraad bhi mangta tha ki kaash mein bada ho jayun ,kash mujhe vo mill jaye ,kash mujhe ye dila do ,kash mein jaldi seh lamba ho jaye ,kash mujhe disney land mein ek ghar dilva do ,kash tsunami aa jaye aur mere school usme beh jaye uske baad toh zindagi bhar ke liye chutti mill jayegi mujhe , matlab itna sochta tha ki zindagi ne pahade hee ulte ginnliye hai ish soch mein , bachpan mein jab cartoons dekhta tha jaishe ki doreamon ,mein bhi sochta tha ki kaash yaar koi aisha saksh meri zindagi mein bhi ho ,ye sirf mein hee nahi sochta tha ush waqt ,matlab sab sochte hai aajkal , per meri kahani unse alag toh nahi per unki jaishi bhi nahi hai , sapne bade thhe per umeed nahi thi ,har waqt kuch karne ki kasme khate tha per kabhi usha purra kar hee nahi paaya , khoya rehta tha ek aishi duniya mein jo haqqeqat seh bilkul alag thi , har roj aishe sapne dekhta tha jishe kabhi purra nahi kar skata tha , aishe baat nahi hai ki himmat nahi thi ,halat kuch theek nahi thhe ,sab sahi tha ,per zindagi ne en sab ke liye jishe saksh seh fariyad ki thi sayad vo saksh hee galat tha , bachpan mein jab koi galti karta toh daatne ke liye dad aur mom sath mein aate , ek taraf papa mujhe daat seh bachate toh dusri aur mom mujhe aur sunati ,ki aishe kyun kiya ? dekh kar nahi khel sakte? sayad unki daat bhi ush waqt mere liye mohabatt hee thi ,mein un yaadeion ko kabhi bhul hee nahi sakta ,cahta tah ki sab kuch sahi ho jayte ,per maine jitne bhi rishte sambhale vo waqt ke sath mere hisse mein aakar aur ulajh seh gaye , log kehte hai ki bahar seh sab yehi kehte hai ki mein theek hun ,mujhe kuch nahi hua , per aanadr seh tutte hue rehte hai ,ush dard ko har roj un khushiyon mein mahasoosh mein karte hai jo unke cehre per saaf dikayi deti hai , aur dusri taraf vo logg hote hai jinke dard unke cehre per saaf dikhte hai aur bakki log bhi yehi samajhate hai ki vo bash do teen ki mushibat hee jhel kar aaya aur cehre per aishi udhashi hai mano kayi barso seh kishi dard ko apne hisse mein jhel raha hai . kuch logge ki fidrat hoti hai jo apne dard ko har kishi seh jahir kar dete hai ,aur dusri taraf kuch logg aishe bhi hote hai jo apne dard ko apne hisse seh kabhi durr karne ki koshish bhi nahi karte ,kyunki waqt ke sath vo unki dost bann jati hai ush safar mein jaha ki yaadeion unhe aur bhi kamjoor kar rahi hai per unhe ye baateion pata hokar bhi vo ush dard ko chhodna nahi cahte . aajkal log pyar mein aksar yehi kehte hai ki mein ushe bhulna toh cahta hun per bhul nahi pa raha ,ye mohabatt jo mere jehan min uski yaadeion bann kar jo har waqt samne aati hai mein ushe cahh kar bhi khud seh alag nahi kar pa raha ,ye kaun seh hifaazat hai jo uske hisse mein toh barabar ki hissedaari mein hai per mere hisse mein mahroom aur alag kyun hai ,ye mujseh furqat kyun le rahi hai ? ek saksh jisne kishi ko kaffi lambe waqt tak caha hai uski baateion ki hai ,uske liye lada hai ,vo ushe bhul kaishe sakta hai ,ye vo ladki ushe bhul kaishe sakti hai , ish duniya mein aap kishi ki yaadeion khud seh tabhi durr kar sakte ho jab jehan mein ye baat mashoor ki apki nafrat aab uske liye hisse mein maujood nahi hai ,nafrat kabhi mohabatt ko khatm nahi karti kyunki waqt ke sath vo ushe aur badhane ki koshish karti hai , aur itne hadd tak badha deti hai ki vo cahh kar bhi ushe bhulne ki koshsih nahi kar sakta , jehar ko pani mein mila kar piyo ye aishe hee pi jayo baat toh ke hee hai na , alag kaishe ho sakti hai , jaan toh vo ush waqt tab bhi apki lega , jab umar kacchi ho smajhane ki toh kishi ki mohabatt bhi barbaadi lagti hai aur vo kahi na kahi sacchi bhi hoti hai , ush ek saksh ke liye ham purri duniya hee bhul jate hai ,dost bhul jate hai ,apne khwaab bhul jate hai aur bhi kayi sarri yaadeion mein jiski khairat likh kar mere hisse seh uski barbaad furqat nahi lene vali , khamyaaza hai ki uski yaadeion aab bhi kaid hai mere hisse mein ,aur ye bhi hai ki vo khush hai apne hisse mein kisi aur ke sath aur mein mahroom hun apne hisse mein , har ek dua maangi hai hisse mein aur har mashjid

,gurudware ,mandir ,mein ja chuka hun ,per hisse mein
uski mohabatt aaj tak nahi mili mujhe ,kyunki koi ma
baap apne bacche kabhi kishi dard mein dekh nahi sakte
aur na hee hisse mein unhe ek aishi barbaadi de sakte jishe
vo jhel hee na paaye , hazaro dafa khud seh ye baateion
kahi thi ki vo galat nahi hai , mein jo soch raha hun yeh jo
maine kiya hai yeh jo mere sath hua hai ,vo galat hai ,per
vo galat nahi ho sakti hai ,hamne jo pal sath nibhaye hai ,
har waqt ek dusre ke sath diya vo bhi mushibato mein , ek
dusre ki paraah ki hai ,baateion ki hai , kayi baar lade ha
vo baateion aur vo saari yaadeion juth kaiseh ho sakti hai
,alag toh nahi tha mein usse , phi ish kadar usne mujhe
alag kyun kar diya , kyun juda ho chuka hun mein usse vo
bhi ish kadar jaha meri baateion hee aab mujhe jeene nahi
de rahi hai , aishi baat nahi hai ki aab vo mohabatt khatm
ho chuki hai uske liye ,per agar hisse mein hai bhi toh
kyun hai ,ye saval har waqt khud seh hee kyun puch raha
hun mein ,kaun shi baateion hai jo mere jehan mein aakar
mujhe hee barbaad karne ki koshish kar rahi hai , kya
kishi ki mohabatt ek fareb bhi ho sakti hai ,akhir kaun shi
barbaad di thi maine uske hisse mein ki usne mujhe hee
barbaad karne ke liye apni har vo fareb ki duniya dikhayi
jishe na toh mein samajh paaya aur na hee uski yaadeion
ko kabhi jhel paaya , agar vo khush reh sakti hai toh mein
kyun nahi ,maine kaun shi galti ki hai ,jiske wajah seh
meri khushiyan aur meri mehfil ki har vo yaadeion mujseh
durr ho chuki hai , ye toh khud ko aur majboor kar sakta
hun uske kareeb jaane ke liye yeh uski ek jhalak paane ke
liye ,per ish hisse mein mujhe khushi nahi milne vali per
ha sayad kabr ki riwayat aur vo dard jishe mein aur jhel
nahi sakta sayad vo mere hisse mein har roj mile , ye purri
zindagi aab dhundli shi lagti hai ,mein kaun hu aur kyun
hun bash ye jaana cahta hun ,kya kishi ki duniya dhuri hee

sahi per acchi nahi reh sakti ? kya vo saksh khush nahi reh sakta apni zindagi mein? sayad ghutan ho rahi thi ushe mere hisse mein akaar ,meri majbooriyan jo maine ushe jahir ki thi sayad vo ush safar mein mere sath nahi reh sakti thi aur sayad vo ush safar mere sath hokar mujseh durr jaane ki koshish kar rahi thi , sayad sab sahi tha aur mein galat tha ,per meri ruhh ush waqt bhi mujhe ye kyun keh rahi thi ki tum kabhi galat ho hee nahi sakte , tumhe jo mohabatt mili hai vo toh pehle seh hee kishi aur ke hisse ki ek tarfa tauheen hai . ham sath reh sakte thhe ,kyunki maine toh kabhi ye socha bhi nahi tha ki jishe mein apni purri duniya manta hun ,usse apni har ek baateion karta hun ,ushe cahta hun , ush har waqt yaad karta hun cahe vo pal khushi ke ho ye gam ke , agar kabhi kishi manjil per takra gaye toh ek saval hai jehan mein jo usse puchunga zarror , ki akhir kishi dard ki sifarish ki hai mere hisse mein jishe cahh kar bhi mein ushe khud seh durr nahi kar pa raha , sham hote hee khud ko akela mahasoosh karta hun aur raat dhalte hee tumhari yaadeion mujhe un veeran gaaliyon ki aziyaat deti hai jishe cahh kar bhi mein khud seh alag nahi kar pa raha , agar barbaad karna hee tha toh kishi aur ko kyun nahi kiya tumne mein hee kyun mila tha? jish dard ki suvah di hai tumne mein ushe durr nahi kar sakta khud seh kyunki ush hisse mein kahai na kahi mein bhi toh shammil hun , kasoorbaar tum nahi ho ,kyunki tumne toh hisse mein aakar kuch kiya hee nahi ,pagal toh mein tha jo har waqt tumhare hisse mein aane ke liye ush khuda seh sifarish karta tha usse baateion karta tha ,khud ko mahroom kar deta tha , kya kahu aab samajh nahi aa raha kyunki mein apne hisse mein jo bhi khairat likh raha hun vo sayad tumhari yaadeion mein aakar mujhe aur bhi mahroom kar rahi hai, kya zarrori tha mujseh ish kadar todna ki mujhe nafrat ho jaye ush mohabatt jisse ye purri duniya chalti hai , kyun khwaab dikhaye thhe jo kabhi tumhare sath purre ho hee nahi sakte thhe ,mein janta tha ki tum itni durr tak sath nahi de sakti thi mera ,phir bhi har dard seh waqif hokar bhi, mein phir bhi tumhari chaukath per aakar khud ko galat savit karta tha , matlab aishe kaun seh halat samne aa gaye thhe ki tumne aishi furqat li hisse mein jaha mein ush bhulne ki wajah aur bhi uske kareeb hote ja raha hun , waiseh tay kar liya hai tumne ye mein janta hun ,aur waqif bhi tumhare sabdo seh ,per ye baateion namuraad ye dil samjhta hee nahi ki aab sayad ham pehle jaishe hokar bhi pehle jaiseh nahi ho sakte , tum alag ho mein bhi alag hun ,mujhe pata hai tum mujseh durr jane ki koshish kar rahi hun ,aur mein tumhe mana bhi nahi karunga ,per jo dard mein seh raha hun kaash meri jagah uski riwayat kishi aur ko na mile .

"CHAL KAREEB TOH NAHI PER PASS HUN
TERE
TU SATH TOH NAHI PER MEIN SATH HUN
TERE .
MAANG KAR BHI DUA MEIN TU KABOOL
NAHI HAI
YE USH KHUDA KI MARJI HAI KI MERE
HISSE MEIN TU MANJOOR NAHI HAI
AGAR SIRF LAHZE KI BAAT HOTI TOH
TUJHE BHUL SAKTA THA PER BAAT
MOHABATT KI THI
TOH KHAMYAAZA TOH BHUKTANA HEE
THA ."

II

MORTAL MEMORY

Kehte hai kuch raste aishe hote hai jo manjil seh alaga hote hai per un per chalne ki fidrat seh hee hame sukoon ke vo lamhe milte hai jishe cahh kar bhi ham apne jehan seh ushe kabhi mitane ki koshish nahi kar sakte hai , aajkal har kishi ki bash yehi cahat hai ki duniya mein aage kaishe badhe ,aage kaiseh chale ,kyunki jo zindagi vo ji rahe hai vo unke liye kaffi nahi hai ,mere kehne ka matlab hai ki agar har din ki sururaat ek hee jaishi ho toh ham subah ki fidrat ko kabhi bhul nahi paate cahe vo dard mein lipti ho ye sukoon ke kirno mein , mein jish saksh ke baare mein aap sab ko batane vala hun uski zindagi hee ek raheshya hai aur vo kyun hai sayad waqt ki khairat mein aap sab usse waqif ho hee sakte hai per abhi kuch aishi baateion bhi adhuri hai jo hisse mein maine likh toh di hai per abhi lafzo mein jahir nahi ki hai , sapne har kishi ke hote hai ,har kishi ki ek apni manjil hoti hai ,khwaab hote hai ,dooriyan bhi hoti hai aur ishq ki toh baateion hee na kare janab uski fidrat hee kuch aishi hai ki logg aksar khud ko bhi bhul jaate hai uski ahosh mein , usne kabhi socha nahi tha ki uski zindagi sih kadar bhi badal sakti hai ,matlab jab ek aam zindagi katputli banti hai na toh uske saare dhaage bikhre hue hote hai aur kahi na kahi ek aishi gaath mein bandhe hue bhi hote hai jo khole toh ja sakte hai per ushe koi kholne ki koshish nahi kar sakta ,kyunki uski ushe aadat hee nahi hai aur agar aadat hoti bhi toh syaad uski fidrat ushe jeene na deti , agar ham raste per chalte hai toh ham apne kadmo ke pehle aur raste ke baad mein dekte hai matlab jo parchai ham apne kareeb banate hai ham uski khawish pehle dekhte hai aur jo raste homne tay kiye hai uski manjil badd mein ,per en dono mein aantar kya hai ? kya ham aage chalkar iski talab ko jaan payege ki ek raheshya ki tarah iski bhi khawish adhuri reh jayegi ,ek tarfa mohabatt galat nahi hai ,agar hame kishi ko cahte hai toh vo sahi hai ,per ye tab galat ho jati hai jab ha ye jante hai ki vo hame kabhi mill nahi sakti ,yeh mill nahi sakta hai ,har kishi ki ek kimat hoti hai jo kabhi -kabhi mohabatt seh upqar hoti hai ,parivaar seh oonchi hoti hai aur apne khwaab seh bhi ,kuch log kamayaab hokar bhi kishi cheez ki taalash karna nahi chhodte magar ishq muqamaal bhi hai sajde mein toh uski khawsih seh vo kabhi alag nahi rehte , per ush khud ki kuch rehmat hai unki bhi ek alag hee taqdeer hai jo hamare en hathon ki laqqero seh behad alag hai , agar ishq mein shiddat hai toh sayad uski har ek adhuri cahat purri ho sakti hai cahe vo ek tarfa ye do darfa , ish zindagi mein kayi logge seh ham milte hai ,baateion karte hai per vo sirf ek skash jishe ham kuch hee waqt bahut kuch maan lete hai ,apni duniya , hone ke wajood ,khusiyon ki eklauti mehfil ,meri pehli cahat , mein khawish aur meri tamana bhi , ye jaan kar bhi ki vo cheez kabhi kismat mein milne nahi vali , per uske peeche aishi kaun shi shiddat hai jo hame ush manjil seh durr rakhne ki jagah aur kareeb lekar jati hai ,cahat adhuri bhi ho kyun na per phir bhi vo hame ush taqdeer seh milati hai jishe ham apni kismat mein har roj mangte hai per sayad uski khawish hamari cahat seh behad alag hoti hai ,ishi cahat ki sifarsih ko lekar mein ek aishi saksh ki kahani aap sab ke samne jahir karne ja raha hun jiski baateion aur umr ek hee hai ,matlab baateion aur umar ek kaishe ho skati hai bhale ye bhi koi baat hui , ho skati hai kyunki na toh maine apni baateion abhi purri ki hai aur na hee apne khwaab toh dekhne ki khawish adhuri hee sahi per tamana purri hai .

waiseh jish safar ki sururaat mein karne vala hun uski sururaat ek chhote seh gaun seh hui hai ,jaha ki ek alag hee prem kahani hai jo sayad pehle seh hee mashoor hai per mein unki baateion nahi karunga ,kyunki vo mill kar bhi ek dusre ki kismat seh behad alag thhe , vo sirf ek kahani nahi thi ek daastan thi ,ek aishi amar katha jishe na toh mein ish moor seh jodd sakta hun aur na hee uski baateion apne hisse mein likhne ki gujarish kar sakta hun ,kyunki unki khairat jaishe bhi thi ek dusre ke liye vo behad alag thi aur behad khoobsurat bhi , khair ham apni raah seh nahi bhatkane vale kyunki sururaat toh chuki hai , BAZIRGANG , na toh ish kahani ki sururaat ish gaun seh hui hai aur na hee nati kyunki vo abhi tak jaari hai , kyunki jsih skahs ki mein baateion karne ja raha hun uski yaadeion aur bachpan ki vo masumiat yehi seh judi hai jo waqt ke sath thodi der ke liye usse durr ho gayi thi per vo kehte hai na raste badalne seh manjil nahi badalti janab .

waiseh hamare film ke nayak koi aur nahi VIKASH SINGH hai aur unki nayika KUSUM YADAV hai , en dono ne prem katha ki sururaat tab hui jab hamare nayak apni zindagi mein ek aishi ladai ladd rahe thhe jo gaon ke har ladka ladta hai ,matlab nahi samjhe ,mere kehne ka matlab hai naukri janab , aajkal sehar ke bhi lakde toh ish umeed mein sabse aage hai ,degree hokar bhi unhe kabhi chai ki dukan kholni per rahi hai toh kabhi mungfali ki , per mein ish waqt samaj ki yeh sarkaar k baateio nahi karne vala kyunki iske baare mein kayi logge ne baateion ki hai aur kayi logge ne fateh bhi paayi ahi aur kayi logge ko harr bhi mil hai ,ishliye mein ish harr jeet ki kahani seh aap sab ko waqif nahi karana cahta kyunki ye sirf ek berojgari nahi hai , ye vo aehsaash hai jo aaj kala har yuva mahasoosh karta hai ,aur iski baateion karta hai ,ladta hai per zindagi unhe ushi umeed per chhod jati hai jaha seh lautne ke kayi ratse hai per phir seh usi umeed ko tahm kar aage badhne ki shiddat sirf ek hai aur vo sirf mehnat hai , khair ye tih sururaat hai hee ish kahani toh cahliye phir seh ek nayi sururaat karte hai matlab bachpna ki un yaadeion mein batane vala hun jo sayad thodi acchi thi aur thodi buri bhi ,

waishe ish kahani ki sururaat 12 august 2002 seh hui hai , matlab jsih nayak ki mein baat kar raha hun unke paane ki saugat ish waqt seh likhi gayi thi kyunki VIKASH ne ishi din janm liya tha , matlab har baache ki kismat ush din tay kar di jaati hai ki aage jakar banne kye vala hai per kuch logg hote hai jo apni kismat khud banat hai unhek kishi sahare ki ye kishi soch ki zarrorat nahi hoti kyunki unke khwaab vo khud tay karte hai aur ek aishi umeed ko janm dete hai jiski udaan behad lambi hoti hai , vikash ne kabhi ye nahi socha tha ki jish umar mein ko mehfooz manta hai uski khawish bhi waqt ke sath aage badhne ki khawish mangti hai , vikash ke sapne bade nahi thhe per uski umeed badi thi , usne kabhi ye nahi socha tha ki vo apne gaon ko chhodkar ,apne ghar ko chhodkar aur vha ki yaadeion ko chhodkar ek aishe raste per jayega jaha manjil ki sururaat farogh seh hoti toh hai per rishto ki gehraiye ush waqt tutt seh jati hai , vikash ek middle clas family seh belong karta tha ,matlab ghar ki chaar deeware toh thi per sapno ko aashiyana kuch khaas nahi tha , waqt ke sath umar kaishe badh gayi aur uski padhai purri kaiseh ho gayi ,uski khabar ushe thi hee nahi ,kho chuka tha bachpan ki un yaadeion mein ishliye apne bhavishay seh durr bhi ho chuka tha , isse pehle kuch samjhane ki koshish karta ,uske khwaab ush taj mahal ki tarah ho gaye thhe jsihe ham sirf dekh skate hai ushe kabhi apna nahi keh sakte ,waiseh ye pheli sururaat thi uski jab vo apne gao ko chhodkar vo bhi kaam ki taalsah mein PATNA aaya tha ,jaha per uske rishte daar rehte thhe ,unhone ush waqt uske sapne toh purre kar diye ,matlab jo khawish uski ush waqt raqam kamane ki thi ,unhone vo toh purre kar diye per sayad ush waqt vo apne khwaab seh durr ho chuka tha , matlab jab ek insaan khud aage badhna cahta hai aur kuch karna cahta hai toh purri kaun ush waqt uski mada ke liye maujood hoti hai per ushe ham ush waqt sukoon nahi keh sakte ,vo toh ek barbaad hoti hai jo hisse mein aakar ek aisi ranjish ko panah deti hai jiski ahosh mein logg khud ko bhi bhul jaate hai , waiseh sururaat mein jab vo usne patna mein kadan rakha tab vo chhote mote kaam karta tha vo bhi medical field mein jo ki uske rishte daaro ki madad seh ushe mili thi ,mehnat toh thi uski aur lagan bhi per vo saksh aage nahi badh raha tha ,matlab apne sapne ki vo khawish purri nahi kar pa raha tha , kunki jab ek ladki badi hoti hai toh ma baap uski sahddi jaldi karvana cahte hai per ushi jagah jab e ladka bada hote hai toh uski umeed gahr vaalo ke najar mein aur bhi badh jaati hai ,mein yehi kehna cahta hun ki agar aap ladke ki kaum mein janm lete hai toh sirf sapne hee apki khawish nahi rehte , vo ghar ki deewaro bhi ushi kartavya seh baandh di jati hai jiski khairat apke aashiyane seh behad durr hoti hai ,behan ki shaddi karvani hai ,ma baap ko ek acchi zindagi deni hai ,bhai ki khawish bhi purri karni hai ,samaj mein ek naya naam banana hai ,jish bachpan ki ahosh mein maine apne khwaab dekhe toh hai per kabhoi purre nahi kiye unhe bhi purra karna hai aur ek kamayaab insaan bhi banna hai vo bhi samaj ki najron mein ,en sab ke dhaage ushi din ham seh baandh diye jaate hai jish din ham apen aashiyane ko chhod kar aate hai .

vikash ke bhi khwaab kuch aishe hee thhe jab usne apne gaon ki gaaliyon aur apne kghar ko alvida kaha tha , vo ushi din seh apne bachpan ko bhul chuka tha aur ek aishi umar mein chuka tha jaha usek apne ,uske parivaar kuch bhi nahi thhe , aishi baat nahi hai ki uske ma baap ne usse paisho ki maang ki thi , per jab hamari ruhh ish aehsaas ko mahasoosh karti hai na toh ham ush waqt bahs khud ko sambhalne mein lagg jate hai aur bahs aage badhne ki koshish karte hai ,usne bhi vhi kiya , din raat aam aur raat mein phir apni padhai , waiseh usne apne 12th boards de diye thhe vo bhi ARTS stream seh , na hee koi degree thi ki ush waqt vo kishi acche seh hospital mein kaam kar sake ,per jo chhote mote kaam thhe vo bhi ek doctore ke neeche rehkar vo kar lete tha , kayi saalo tak usne ye kaam kiya ,khud ko aage badhne ki koshish ki ,apne parivaar ki bhi madad ki ,aur apne ma baap ko bhi paishe dete raha ,phir ek aisha waqt ki bhi sururaat hui uski zindagi mein jiski haqqeqat ushe majboor kar diya th ki vo ish kaam ko aab chhod de aur ksihi aur kaam ki taalash mein lag jaye , pehli mushibat ki sururaat uske papa seh hui jinka accident ho gaya tha ,matlab ush waqt apne ghar ko sambhalne vale ekalaute mard thhe , kyunki jitne paishe vikash ko milte thhe vo ushei mein kharch ho jaate thhe ,matlab khaane mein aur ghar ka kiraya dene mein ,matlab vo utni madad nahi kar paat tha jitni ushe karni chaiye thi ush waqt ,en sab ke baad jo uske parivaar per dusri mushibat aayi vo koi aur nahi COVID- 19 ki hee thi ,jo ush waqt purre desh ke liye ki ek khatre ki ghanti thi , en sab ke baad uske papa ki naukri bhi chali gayi ,aur paiseh bhi aane band ho gaye , en sab ke baad ghar ka kharcha , dabai ke paishe aur bhi bahut sari aishi mushibaat thi jishe ush kayi logg jhel chuke thhe , viaksh ki naukri ishliye nahi gayi kyunki vo ush waqt medical sector mein kaam karta tha , per kuch waqt usne vo bhi chhod di ,phir kishi chhote seh clinic mein usne kaam kiya ek caretaker ki tarh jiske ushe do fyade hue ek toh paisho ki ,aur dusri experience ki .

en sab ke baad , kayi saalo tak kaam karne ka baad uski naukri aishi jagah lagi jaha ma ganga ke kinare ek aishe sahar ki sururaat hoti hai jishe BANARAS kehte hai ,aur yehi seh ush prem -katha ki sururaat bhi hoti hai ,matlab KUSUM AUR VIKASH ki .

"NA CHAND
KI
MURAAD HAI
NA
KHWAABO
SEH
AAGAZ
JEE
RAHA
HUN
SHAAN
SEH
BASH
USH
ISHQ
SEH
JHUKAM
HAI .
KI TUJHE
CAHNA
TOH
EK TARFA
KHAWISII
HAI MERI
PER TUJHE
MANGA

YE
HAR
DIN
KI FIDRAT
BANN
CHUKI
HAI .
"

III
STATE OF LOVE

Har kishi ki zindagi khubsurat nahi hoti ,aur har kishi
ke khwaab purre bhi nahi hote ,per jinke purre hote hai
kya unki zindagi khoobsurat hoti hai ,nafrat bhi ek

mohabatt hai kyunki jish skash seh hame nafrat hoti hai vo kabhi mohabatt bhi hua karti thi ,akhir kish khwaab ki baateiob karu mein ,aajkal mere panno ki sururaat bhi ushi ek saksh seh hoti hai jishe purri shiddat seh caha tha maine , khair kuch baateion aishe hoti hai jinmein ham kho jaate hai ,per kasoorbaar kabhi vo hote hee nai hai ,matlab inki dniya hee ek maay hai ,mere kehne ka matlab hai jurm ki sifarish inhi seh hoti hai per sururaat aur aanti ki cahat kishi aur ke hisse mein likhi hoti hai ,per mein ye kyun keh raha hun ? kyunki isk sruraat bhi ho chuki hai ushi sehar jiski baateion maine pehle kuch panno ki saugat mein likh di hai matlab banaras ki ,umar aur mohabatt do alag zindagi hai ,inke asool alag hai ,inke khwaab alag hai aur inke taz bhi laag hai ,kyunki jab tak mahasoosh tab tak zindagi adhuri rehti hai aur jab ye purri tarah seh jehne mein bash jaate hai toh zindaag purri hokar bhi ham uski cahat adhuri hee kart hai ,kuch baatein aishi bhi hoti hai ish duniya jinse log waqif toh ho jaate hai aur behad samjhan eki koshish bhi karte hai per akhir mein uski khawish bhi kishi raheshya ki tarah kabr mein dafan ho jati hai , aur sayad jish ek tarf ish ki sururaat vikash ne ki thi uske halat bhi kuch aishe hee thhe ,matlab purri tarh seh toh nahi per sayad aishe hee thhe ,toh challiye ham bhi dkehe ush safar jismein kayi logg khud ko bhul jaate hai ,apne rishte bhul jaate hai ,aur bash ush ek saksh ko paane ke liye apni purri shiddat laga dete hai per kya vo cheez unhe kabhi milti hai yeh nahi ?

waiseg ish akhiri safar ki sururaat 6 november seh hui thi ,matlab jab vikash ne ush sahar ko bhi chhod diya jah umeed toh thi per uske sapne nahi ,ishliye apne adhure sapne ko purre karne ke liye vo BANARAS aa gaya ,banaras ke baare mein akhir kya hee batayun ? banaras jaha ma ganag ki vo mamta hai jaha log kamjoor hokar bhi khdu ko kabhi kamjoor nahi mante kyuni ek alag hee rishte juda hai , jab bhi aankheion khulti hai bash ma ganga hee samne dikhti hai , subha ki sdhup seh lekar sham ki aarti ki noor tak bash ma ganga ki mamta hee dkihti hai ,unke charan ko chu kar jab ham apne saare paap bhul jaate tab ushi ek aishi punya ki sururaat hoti jaha manav jaati ki insaniyat aab bhi maujood hai .

jab vo patna ko chhodkar banaras aaya tab uski naukri OT lagi thi ,vo bhi kayi saal ke tazure ke baad ,jaha phir seh di fyade dikh rahe thhe ek toh paisho ki aur dusri tazurbe ki , en sab ke baad bhi uske sapne adhure thhe , kyunki jab logg apne kaam aur apne sahar ko chhodte hai toh unka mann lag jate hai kishi bhi tarreqe seh per jab uski yaadeio hame mahroom kar deti hai tab ham ush waqt kuch der ke liye hee sahi per sab kuch bhul jaate hai ,apne kartavya ko apne sapne ko aur unse jude rishto ko bhi ,vikash bhi ka bhi haal kuch aisha hee tha ,kyunki na toh uske dost vha rehte thhe aur na hee uske parivaar vaale yeh koi rishte daar , per jab khwaab bade toh ye inke samne badi seh badi mushibaton bhi chhoti shi lagti hai ,aur uske hisse mein toh aishi kayi saari mushibaton pehle seh thi ,khair vo kehte hai agar sukoon ke lamhe mile hai toh kishi ki barbaadi bhi usme shammil hoti hai aur agar hisse mein barbaadi mili hai toh sukoon ke lamhe bhi usme shammil hote hai , jab koi sath na toh tabhi kuch log sath dete hai aur ushi sath ko ham khud ke jeene ki umeed mann lete hai ,rishte mann lete hai , dosti ,pyaar aur baht seh aishi cheeze hai jiseh mein kehne ki sifarish bhi nahi kar sakta .

khair mulaqat vo raat toh nahi pata ,per jab vo pehli baar ek dusre mile toh mehfil bhi ek thi ,dono ki khawish bhi ek thi ,aur sapne bhi ek hee thhe ,matlab vo dono ek hee jagah kaam karte thhe , HERITAGE HOSPITAL mein

,jah un dono ki mulaqqat pehli baar hui thi aur sayad kuch hee mahino ke baad akhir bhi ho gayi aur ye kaishe hui ? chaliye ham dekhte hai .

jab VIKASH ko ye naukri mili toh vo ush sahar seh behad anjaan tha ,matlab ush sahar ki gaaliyon seh , vha ki fidrat se aur logge seh bhi ,per jab uski mulaqat KUSUM seh hui toh vha ke gaaliyan jo ushe anjaani lagti thi ,usse milne ke baad uski pechaan hee kuch aishi bann gayi ,matlab khaas bann gayi jiske baad vo apne gaon ko hee bhul gaya ,matlab apne bachpan ki yaadeion , rishte aur bhi bahut kuch , vo uske sath khud ko mehfooz manta tha ,usse baateion ,uski baateion sunna , yeha tak usse ladna bhi un dono ke liy ek aishi yaadeion bann gayi thi jishe vo bhulna nahi cahta tha , sayad ek tarfa pyar ki sururaat kuch ish kadar seh hee hoti hai ,mujhe toh nahi kyunki maine toh kabhi nahi kiya per jinhone ne kiya sayad uni aatma aab yehi bol rahi hogi ki aab kitna tadpayoge chalo aage bhi badho toh chaliye ish safar ko thoda aur aage badhate hai aur dekhte hai ki akhir hua kya hai unki aage ki zindagi mein ?

toh sururaat kuch aishi hui ki pehle vo ek dusre seh mile ,baateion hui ,phir aache dost bann gaye , phir ek dusre ke kaam aane lage aur phir mohabatt hui aur kahani khatm ?matlab agar kahani aishi hoti toh sayad ham bhi ye mann lete hai ki ek tarfa mohabatt ush khwaab ki tarah hai jsihe dekh kar sirf ham sukoon ke do lamhe mahasoosh kar sakte hai per ushe apni fidrat kabhi nahi bana sakte , per jiski zindagi mein pehle seh kayi mushibaton ke khwaa adhure thhe toh uski zindagi ish khwaab ki sururaat purri kaiseh ho sakti thi .

kusum ek aishi family seh belong karti thi jaha uske sapne hee uske liye ek umeed thhe ,matlab vo apne gahr mein akele kamane vaali thi ,uske pita ji kuch kaam nahi karte thhe ,matlab vo berojgar thhe ,per ush pita ko mein ham galat nahi maan sakte jisne apne sapne toh ush kabr mein dafan kar diye per apni beti ko itna kamayaab bana diya ki vo purre ghar ko khud ke dam per chala sake ,kusum ke ghar mein koi aur mard nahi tha ,matlab na hee ko bhai aur na hee kishi ki shaddi hui thi ,kyunki kusum apne ghar mein sabse badi thi ,uski neeche uski do behne bhi jinke naam ,kritika ,aur prity hai ,

matlab ye kishi ishq ki sifarish ki ush khuda ne jaha dono ke halat ek jaishe hai per unke sapne bilkul alaga hai , jish ladki ne apne parivaar abhi bhj nahi maan ,uske halat jaishe bhi kyun na ho vo bahs aage badhte gayi ,aur ane sapne ke liye har kishi seh ladti gayi aur khud ko kamayaab banane seh pehle jise apne parivaar ke baare mein socha ,uski kismat kabhi aam nahi ho sakti aur na hee dusre ki najron mein sadhran shi ho sakti hai ,kyunki agar mein apne hisse mein ushe dekhu toh uski zindagi ush aayne ki tarah hai jiski sachai bhi ek taraf hai ,do tarfa nahi ,khair kusum ne na toh apne halat kabhi vikash ko baatye thhe aur na hee vikash ne apne halat kusum ko bataye thhe ,phir bhi ush ek tarfa ishq ki sururaat ho chuki thi vo bhi ek aishi mehfil mein jiski umeed bhi veeran thi aur uski cahat bhi , khair ish kahani ko aage badhate hai aur aage dekhte hai ki hua kya hai inki zindagi mein jab ek tarf mohabatt ne inki zindagi mein aahat di .

pehle toh inki mulaqat kaffi sadhran thi ,matlab ish safar ke sururaat mein jab vikash ehli baar banaras aaya tha aur ushe OT ki naukri mili thi ,ush waqt sirf uske apne hee khwaab thhe vo bhi aage badhne jish waqt sayad uski mulaqat bhi kusmu seh nahi thi jitna ki mein janta hun ,per jab mulaqat hui toh khwaab bhi badle aur umeed ki toh koi jagah hee matt pucho ,kyunki vo ushi waqt seh lapata ho chuki thi uski zindagi seh , waiseh maine ek baat

toh kai hee nahi ,ye zarrori bhi hai ye mujhe nahi pata per
sayad waqt ke sath zarrori ho jaye ,kyunki jab vikash pehli
baar banaras aaya toh tab vo BHU ke kareeb balaji colony
mein hee rhet tha ,jah ushe kuch dost mile ,uske khwaab ki
sururaat hui ,aur kahi na kahi un dono ki mulaqat bhi
pehli baar yehi hui thi pe ye baateion kitni sacchi hai mein
bhi nahi janta , phir kya jaiseh school mein jab koil naya
ladka aata hai toh ham ushe apne paas baithne tak nahi
dete thhe aur iske peeche bhi ek wajah hai ki kayi phir
hamare dost ki jagah na usse cheen jaaye ,shi tarah seh
yski zindagi bhi kuch aishe hee hoti agar uski mulaqat
kusum seh na hoti , jab vo haqqeqat mein pehli baar ek
dusre seh mile toh ush waqt baateion kuch khaas nahi thi
un dono ke beech ,matla ek hhee jagah kaam karne ke
baad bhi vo ek dusre ke liye anjaane thhe , per waqt ki
khairat toh aap sab ko pata hai hee ,kyunki jaha tak maine
dekha hai zindagi ko aur waqt ki khairat ko ,kishi ki nafrat
bhi lambe tak jinda nahi rehti ,matlab e na ek din uski
sifarishe bhi jehan seh dur chali hee jati hai jab kishi ko
mohabatt samne aati ha , un dono ki sururaar toh kuch
khaas nahi thi ek dusre ke liye ,per sayad waqt ke sath unki
dosti akhir kar ho hee gayi ,matlab jo pehle anjaane thhe
aab ek dusre seh muqabil ho chuke thhe , matlab pyar vali
dosti ho chuki thi un dono mein ,aur sayad kishi ko ek tarf
mohabatt bhi ,phir kya tha mahine beete ,waqt beeta,phir
dosti aur bhi gehri hone lagi aur sayad ushi waqt ek tarf
mohabatt ki sururaat purri bhi chuki thi , vikash ye
bateion janta tha ki ushe toh mohabatt hai per kusum isse
behad durr thi ,mere kehne ka matlab ushe ish baat ki
bhanak bhi nahi thi ki jishe vo dosti samajh rahi hai vo
dusri taraf ishq ki sifarish kar chuka hai , per vikash bh
ushe seedhe nahi keh sakta tha ,mere kehne ka matlab hai
vo jish kaifiyat ko ush waqt jhel raha tha sayad vo ush waqt

usse laag nahi hone cahta tha ,matlab ape " comfort zone " seh bahar nahi nikalna cahta tha ,ushe kusum ki sirf baateion hee nahi aachi lagti thi , ush waqt ke sath kusum bhi acchi lagne lagi thi per vo ye baateion bhul chuka tha ki kusum ke halat uski ek tarfa mohabatt ko kabhi kabool nahi karege , aur sayd unki kismat bhi ush waqt ek dusre ke hisse seh behad durr thi ,en sab ke baad un dono ki yaadeion ek taraf aur vikash ki mohabatt ek taraf ,akhir kar usne ye jahir kar hee diya jo sayad ushe nahi karna chiaye tha ,per iske peece bhi unke halat beech mein hee thhe ,kyun kayi waqt ek dusre ke sath bitane ke baad vo bhi dosti ki mehfil mein vo ahir kar ek dusre seh aalag ho chuke thhe ,matlab kayi dino tak kusum hospital nahi aayi thi matlab apne kaam per nayi thi ,aur ushi beichani ki chaakar mein jab kayi waqt tak un dono ne ek dusre seh jab baat nahi ki thi toh akhir kar vikash ne vo saari baateion keh di jo sayad kusum ush waqt samajh nahi paayi aur sayad samajh kar bhi uski halat ushe majboor kar rahe thhe ki vo uski mohabatt ko thukra de ,kyunki ek taraf uske halat toh jo har waqt uske sath thhe bhale hee unse mohabaatt nahi thi ushe per vo uske hamesah paas thhe ,ishliye na cahh kar bhi inki ye prem katha bhi adhuri hee rhe gayi ,jaha hisse mein ek tarf likhwat toh thi ush kismat per dusri taraf paane khali thhe uski mehfil mein ,phir iske baad kusum ne vo kaam bhi chhhod diya vo mehfil bhi jaha uski dosti hee uske liye sab kuch thi ,aab vo ek dono ke sath kaam toh nahi karte ,aur ne hee un dono ki mulaqat ek dusre seh hoti hai per vikash ki mohabatt ksumu ke liye aab bhi vhi ha ,matlab ek tarfa hee aur adhuri bhi ? khair khuda seh ye cahat zarror rahegi ki inki adhuri kahani bhale hee ish kagzat per adhuri hai per asliyat mein sayad kabool ho jaye ,khair aant ki sifarsih ho chuki hai per agar ye dono phir mile toh sayad likhwat bhi kismat mein adhuri ki jagah purri ho jaye .

"

DILL
KI
KISMAT TOH
SALAMAAT
HAI
PER JEHAN
KE
HALAT
KUCH
THEEK
NAHI
HAI
AUR
MOHABATT
TOH
HO
CHUKI
HAI
PER
EK TARFA
HAI
YEH
DO TARFA
YE BAATEION
BHI
AAB
TAK
MALOOM
NAHI HAI

*AUR KAYI
DAFA
MAINE
SOCHA
KI
USHE BHUL
JAAYUN
PER USHE
BHUL
JAANE
KI
CAHAT
AAB
MERI RUHH
KO MANJOOR
NAHI HAI."*